Mario Marchesi

Amoris Laetitia Capitolo VIII

Mario Marchesi

Amoris Laetitia Capitolo VIII

Riflessione e Azione Pastorale

Edizioni Sant'Antonio

Cover image: www.ingimage.com

Publisher:
Edizioni Accademiche Italiane
is a trademark of
International Book Market Service Ltd., member of OmniScriptum Publishing Group
17 Meldrum Street, Beau Bassin 71504, Mauritius

Printed at: see last page
ISBN: 978-613-8-39163-0

AMORIS LAETITIA

CAPITOLO VIII

(RIFLESSIONE E AZIONE PASTORALE)

Indice

I
LA NOVITA'

1. *Approccio.* Il capitolo ottavo dell'esortazione postsinodale "Amoris Laetitia" si sviluppa attorno ai tre verbi "*Accompagnare, discernere e integrare la fragilità*" delle realtà familiari. Sono molte le suggestioni sollevate e le indicazioni offerte. Per ben inquadrarle, comprenderle e applicarle è necessario lasciarsi guidare da due atteggiamenti.

Si deve innanzitutto tenere presente che nell'esortazione non c'è nessun cambiamento sostanziale della dottrina tradizionale della Chiesa sul sacramento del Matrimonio, sull'accesso ai sacramenti della Riconciliazione e dell'Eucarestia e, come aspetto particolare, sul peccato.

Inoltre, si deve evitare di ancorarsi, con atteggiamento più o meno fondamentalista, sulla certezza che la prassi, fino a ieri, messa in atto nella valutazione delle situazioni familiari non sia affatto modificabile, ritenendola la sola realmente conforme ed esaustiva della stessa dottrina tradizionale.

Scrive il Papa: «Ricordando che il tempo è superiore allo spazio, desidero ribadire che non tutte le discussioni dottrinali, morali o pastorali devono essere risolte con interventi del magistero. Naturalmente, nella Chiesa è necessaria una unità di dottrina e di prassi, ma ciò non impedisce che esistano diversi modi di interpretare alcuni aspetti della dottrina o alcune conseguenze che da essa derivano... Inoltre, in ogni paese o regione si possono cercare soluzioni più inculturate, attente alle tradizioni e alle sfide locali. Infatti, "le culture sono molto diverse tra loro e ogni principio generale [...] ha bisogno di essere inculturato, se vuole essere osservato e applicato"». (n. 3).

2. *Normativa.* La prassi attuale della Chiesa nei confronti delle cosiddette situazioni matrimoniali irregolari può essere riassunta nella norma disciplinare espressa nel *Catechismo della Chiesa Cattolica*, nella quale si dice che i divorziati risposati civilmente «non possono accedere alla Comunione eucaristica per tutto il tempo che perdura tale situazione. Per lo stesso motivo non possono esercitare certe responsabilità ecclesiali.

La riconciliazione mediante il sacramento della Penitenza non può essere accordata se non a coloro che si sono pentiti di aver violato il segno dell'Alleanza e della fedeltà a Cristo, e si sono impegnati a vivere in una completa continenza» (n. 1650).

Il *Direttorio di pastorale familiare per la Chiesa italiana* (25 luglio 1993) individua cinque categorie possibili – separati, divorziati non risposati, divorziati risposati, sposati solo civilmente, conviventi – e prevede la possibilità di accesso ai sacramenti per i soli separati e per i divorziati non risposati, con qualche precisazione, e per altri casi di situazioni estreme (cfr. nn. 207-230).

Non può certamente sfuggire che le disposizioni richiamate, pur fondate su una determinata comprensione e applicazione della teologia del matrimonio e della vita cristiana, hanno tuttavia un carattere disciplinare di valenza ecclesiastica. Quella del *Catechismo*, tra l'altro, si riferisce a una sola fattispecie di situazione, deve essere mantenuta nel contesto in cui si trova e deve rapportarsi e integrarsi con altre affermazioni contenute nel medesimo documento.

Come è ovvio le stesse norme trovano fondamento nel riflesso sociale dato alla realtà matrimoniale e nella prevalenza posta sul dato oggettivo, che offre una certa chiarezza applicativa ma che trascura la dimensione soggettiva, particolarmente rilevante nella sfera religiosa, in specie per quello che riguarda il peccato. Se la rimozione del riferimento al soggetto personale si cristallizza, si finisce col cadere nell'errore di privilegiare l'esterno rispetto all'interno, di dare prevalenza a quel legalismo che deforma la sostanza delle azioni umane e che è così duramente stigmatizzato nel Vangelo (cfr. *Mt* 23 e i luoghi paralleli o di complemento di *Mc* e *Lc*).

Quando la comprensione dei comportamenti diventa più profonda e si estende a tutti gli aspetti, una norma disciplinare può e deve trovare precisazione e anche cambiamento, soprattutto se è lo stesso supremo legislatore che ne apre la strada.

3. *Peccato e fragilità.* L'esortazione ci aiuta a non considerare troppo facilmente "fuori della grazia di Dio" le persone e a scoprire fin dove può e deve giungere l'applicazione della sua misericordia alle situazioni concrete della vita.

Scrive: «Tuttavia, dalla nostra consapevolezza del peso delle circostanze attenuanti – psicologiche, storiche e anche biologiche – ne segue che "senza sminuire il valore dell'ideale evangelico, bisogna accompagnare con misericordia e pazienza le possibili tappe di crescita delle persone che si vanno costruendo giorno per giorno", lasciando spazio alla «misericordia del Signore che ci stimola a fare il bene possibile». Comprendo coloro che preferiscono una pastorale più rigida che non dia luogo ad alcuna confusione. Ma credo sinceramente che Gesù vuole una Chiesa attenta al bene che lo Spirito sparge in mezzo alla fragilità: una Madre che, nel momento stesso in cui esprime chiaramente il suo insegnamento obiettivo, "non rinuncia al bene possibile, benché corra il rischio di sporcarsi con il fango della strada". I Pastori che propongono ai fedeli l'ideale pieno del Vangelo e la dottrina della Chiesa devono aiutarli anche ad assumere la logica della compassione verso le persone fragili e ad evitare persecuzioni o giudizi troppo duri e impazienti. Il Vangelo stesso ci richiede di non giudicare e di non condannare (cfr *Mt* 7,1; *Lc*6,37). Gesù «aspetta che rinunciamo a cercare quei ripari personali o comunitari che ci permettono di mantenerci a distanza dal nodo del dramma umano, affinché accettiamo veramente di entrare in contatto con l'esistenza concreta degli altri e conosciamo la forza della tenerezza. Quando lo facciamo, la vita ci si complica sempre meravigliosamente» (n.308).

4. *Apertura reale.* È certamente riduttivo interpretare le indicazioni dell'esortazione, forzandone il significato, per costringerle all'interno di una prassi vigente, ritenuta non toccabile, quasi fosse di rivelazione divina. Gli stimoli vanno esaminati per quello che sono e vanno portati nella pastorale, applicandoli in tutta la loro valenza.

La novità a cui ci apre l'esortazione si intravede nello spirito generale che la sorregge e, in modo più significativo e concreto, proprio nel contenuto del capitolo ottavo. La "prassi" attuale nei confronti delle situazioni matrimoniali può e deve essere purificata. Deve essere illuminata dalla completezza della dottrina della Chiesa e non solo da una o da qualche parte di essa. Così ci si avvicinerà maggiormente alla verità della stessa. Un'adeguata applicazione di questa farà apparire a persone religiosamente ben disposte, ma provate da vicende complesse, la possibilità di vivere in pienezza la propria vita ecclesiale e di ritrovare la disponibilità alla richiesta e all'accoglienza del perdono e alla fruttuosa partecipazione all'Eucarestia e a tutta la vita della Chiesa.

Certamente il discernimento della "verità" a cui siamo chiamati non è facile né per i fedeli né per i pastori, anche per la complessità delle situazioni particolari e per la stessa natura dei meccanismi psicologici della conoscenza e della volontà delle persone. Tuttavia esso va doverosamente affrontato, con adeguato approfondimento, con serenità e senza troppe complicazioni. Come avviene in tutte le attività umane, talvolta si potrà incorrere in qualche errore. Ma è meglio sbagliare reintegrando che sbagliare emarginando (cfr. n. 296).

II
RIFERIMENTI ESSENZIALI

La domanda di partenza da cui non si può prescindere è questa: “Quali sono i **punti essenziali della dottrina tradizionale della Chiesa** che occorre ed è possibile applicare per l’ammissione delle persone in **specifiche situazioni familiari** al sacramento dell’Eucaristia (che presuppone anche la Riconciliazione)?”

Essi possono essere compendiati in quello che l’ordinamento canonico prescrive in ordine alla validità del matrimonio e in ordine al rapporto peccato ed Eucaristia. Si tratta di aspetti puntuali e anche tecnici che aprono lo spazio a un’azione pastorale di ampio respiro.

1. Matrimonio canonico

1.1. Perché un matrimonio sia realmente tale, cioè “sacramento”, devono concorrere tre componenti:

- non vi siano dei cosiddetti impedimenti o non siano stati dispensati, quando previsto, dall’autorità competente. Essi sono fissati dai canoni 1083-1094 del Codice di diritto canonico;

- l’uomo e la donna esprimano un “consenso” valido sia per l’abilità delle persone che per il contenuto a cui si aderisce (canoni 1095-1107);

- siano osservate le formalità prescritte, in particolare nei canoni 1108-1117.

Nel caso che intervenga la rottura tra due persone formalmente unite in matrimonio, una conoscenza almeno complessiva di questi elementi è indispensabile per un corretto e adeguato discernimento.

Gli impedimenti e la forma rimandano a dati oggettivi: i primi ci sono o non ci sono di fatto e la seconda c’è o non c’è se quanto previsto sia stato osservato o meno.

Più complessa può risultare invece l’analisi della dimensione del consenso perché questo si innesta nella struttura soggettiva delle persone, cioè la loro libertà interiore ed esteriore e la piena capacità volitiva, e ricade su un contenuto precostituito.

Sia la struttura psicologica delle persone sia il contesto sociologico e culturale in cui le persone vivono e da cui sono condizionate offrono già qualche punto di riferimento indispensabile (cfr. tutto il capitolo II dell'esortazione, *La realtà e le sfide delle famiglie*). Qui ci limitiamo a richiamare almeno alcuni elementi relativi al consenso presenti nella legislazione della Chiesa.

1.2. «Perché possa esserci il consenso matrimoniale, è necessario che i contraenti almeno non ignorino che il matrimonio è la comunità permanente tra l'uomo e la donna, ordinata alla procreazione della prole mediante una qualche cooperazione sessuale» (can. 1096).

Si tratta di una prima affermazione minimale con l'individuazione di due campi (unione e procreazione). Se teniamo presente quali siano i condizionamenti culturali e dell'informazione in merito alla generazione dei figli e alle relazioni tra le persone, non ci sarà difficile comprendere come siano facili – e più frequenti di quanto si possa immaginare – gli errori e le limitazioni in ordine alla piena avvertenza e al deliberato consenso. L'analisi giuridica può anche non intravedere elementi manifesti di invalidità, ma certamente possono essere presenti elementi interiori che intaccano la gravità o la non gravità morale delle persone qualora siano consapevoli attualmente che quando si sono sposate non avevano chiarezza di comprensione circa la scelta da operare.

1.3. Il can. 1095 ritiene «incapaci a contrarre matrimonio: 1° coloro che mancano di sufficiente uso di ragione; 2° coloro che difettano gravemente di discrezione di giudizio circa i diritti e i doveri matrimoniali essenziali da dare e accettare reciprocamente; 3° coloro che per cause di natura psichica, non possono assumere gli obblighi essenziali del matrimonio».

Questa incapacità può anche essere "temporanea", in quanto la persona può cambiare e maturare, ma basta che lo "status" individuato sia presente al momento in cui si esprime la forma del matrimonio e l'adesione ad un contenuto perché la validità di un matrimonio sia intaccata.

1.4. Il diritto canonico prevede poi anche altri elementi invalidanti il consenso al matrimonio: l'ignoranza, l'errore (di vario tipo), il dolo, un atto di volontà escludente «il matrimonio stesso, oppure un suo elemento essenziale», la condizione, la violenza e il timore (canoni 1096-1101).

Basta scorrere un qualsiasi commentario ai canoni sopra citati per rendersi conto di quante sottigliezze, giuridicamente rispettabili, ha individuato la dottrina canonica per sostenere o per escludere la validità di un matrimonio. Gli stessi addetti ai lavori talvolta si trovano discordanti tra di loro o comunque faticano ad avere una pratica comprensione.

Proprio le numerose e a volte difficilmente configurabili "complicazioni" sul consenso delle persone non dovrebbero indurre a ritenere che, molto probabilmente, le ragioni esimenti dal "peccato mortale" siano altrettanto numerose e da considerare attentamente nel discernimento della coscienza?

2. Principio di presunzione

2.1. Partiamo da una domanda: "Quando posso avere la certezza che due persone, che sono anche i ministri del sacramento del matrimonio, hanno realizzato gli elementi richiesti perché si sia in presenza di un Sacramento?

Da notare che si è detto certezza e non presunzione.

Il codice dice che l'ignoranza di cosa sia il matrimonio non si presume dopo la pubertà (si potrebbero tenere presenti come indicativi gli anni previsti dal can. 1083: 16 anni per l'uomo e 14 per la donna) e che anche "se il matrimonio fu celebrato invalidamente a motivo di un impedimento o per difetto di forma, si presume che il consenso manifestato perseveri finché non consti della sua revoca" (can. 1107). Questa posizione ci aiuta ad affermare che **la pura osservazione esterna non avrà mai la certezza di essere in presenza del Sacramento**. Gli unici che possono avvicinarsi ad essa sono proprio solo l'uomo e la donna che lo celebrano.

Nell'ambito della "natura" si potrebbe dire che la certezza proviene:

- dalla manifestazione del mutuo consenso che i due si danno di mettersi insieme con fedeltà e per sempre, perché già si sentono così,

- a cui si aggiunge una unione coniugale vera, che comporta una unione sessuale espressione d'amore e tendente alla generazione.

Posto quanto detto per la natura, è solo per prescrizione ecclesiastica (quindi per norma disciplinare) che occorre anche una forma palese determinata e anche specifiche condizioni (impedimenti).

La legislazione della Chiesa, continuando una tradizione consolidata, ha stabilito con il canone 1060 del Codice 1983: «Il matrimonio ha il favore del diritto; pertanto si deve ritenere valido fino a che non sia provato il contrario».

Questo principio è stato ribadito da Giovanni Paolo II in un'allocuzione alla Rota romana del 28 gennaio 2002 con queste parole: «Talvolta, in questi anni, si è avversato il tradizionale 'favor matrimonii', in nome di un 'favor libertatis' o 'favor personae'. In questa dialettica è ovvio che il tema di fondo è quello dell'indissolubilità, ma l'antitesi è ancor più radicale in quanto concerne la stessa verità sul matrimonio, più o meno apertamente relativizzata. Contro la verità di un vincolo coniugale non è corretto invocare la libertà dei contraenti che, nell'assumerlo liberamente, si sono impegnati a rispettare le esigenze oggettive della realtà matrimoniale, la quale non può essere alterata dalla libertà umana. L'attività giudiziaria deve dunque ispirarsi ad un 'favor indissolubilitatis', il quale ovviamente non significa pregiudizio contro le giuste dichiarazioni di nullità, ma la convinzione operativa sul bene in gioco nei processi, unitamente all'ottimismo sempre rinnovato che proviene dall'indole naturale del matrimonio e dal sostegno del Signore agli sposi» (in: *AAS* 94 (2002) pp. 344-345).

2.2. Il significato che può assumere quanto detto dal Papa in un discorso è illuminato da altre affermazioni.

Al termine del discorso in San Giovanni in Laterano, per il convegno diocesano sulla famiglia, il Papa Francesco, tra l'altro, ha detto: «...noi viviamo anche una cultura del provvisorio... E questo succede dappertutto, anche nella vita sacerdotale, nella vita religiosa. Il provvisorio. E per questo una parte dei nostri matrimoni sacramentali sono nulli, perché loro (gli sposi) dicono: 'Sì, per tutta la vita', ma non sanno quello che dicono, perché hanno un'altra cultura. Lo dicono, e hanno la buona volontà, ma non hanno la consapevolezza...» (in: *L'Osservatore Romano,* 18 giugno 2016, p. 5).

Che questo sia un dato di fatto della realtà attuale non è contestabile. La mentalità contemporanea del provvisorio e, va aggiunto, del sistema di valori che permea ogni aspetto della vita sociale, è talmente invasiva che offusca la "lucidità mentale" e la forza di volontà di una gran massa di persone (si veda il capitolo secondo, in particolare i numeri 33,34,39,40,41,42,56). Le azioni esterne, al di là di ciò che viene manifestato, e di ciò che si afferma con le parole, sono annebbiate, per cui manca la visione chiara e completa di ciò che si va compiendo e dei contenuti reali della scelta che viene fatta.

In tale contesto, ha valore determinante che l'atto compiuto (il consenso matrimoniale che fonda un matrimonio) abbia il favore del diritto? Non è forse più aderente alla realtà umana presumere che quando un matrimonio fallisce, soprattutto nelle vicinanze della celebrazione formale, qualcosa di sbagliato vi sia stato al suo inizio?

3. Peccato e Comunione eucaristica

3.1. Il riferimento specifico può essere intravisto in quello che prescrivono i due canoni 915 e 916 del Codice di Diritto Canonico.

«*Non siano ammessi alla sacra comunione gli scomunicati e gli interdetti, dopo l'irrogazione o la dichiarazione della pena e gli altri che ostinatamente perseverano in peccato grave manifesto*» (915).

«*Colui che è consapevole di essere in peccato grave, non celebri la Messa né comunichi al Corpo del Signore senza premettere la confessione sacramentale, a meno che non vi sia una ragione grave e manchi l'opportunità di confessarsi; nel qual caso si ricordi che è tenuto a porre un atto di contrizione perfetta, che include il proposito di confessarsi quanto prima*» (916).

3.2. Va innanzitutto ricordato che il 24 giugno 2000, il Pontificio Consiglio per i Testi Legislativi ha emanato una *Dichiarazione* in ordine al can. 915 proprio per contrastare il fatto che «alcuni autori hanno sostenuto, sulla base di diverse argomentazioni, che questo canone non sarebbe applicabile ai fedeli divorziati risposati». La *Dichiarazione* ha voluto ribadire, anche con il richiamo al n. 1650 del *Catechismo della Chiesa Cattolica*, che «qualunque interpretazione del can. 915 che si opponga al suo contenuto sostanziale, dichiarato dal Magistero e dalla disciplina della Chiesa nei secoli, è chiaramente fuorviante». Questa affermazione è certamente indiscutibile ma, nello stesso tempo, è anche lapalissiana, in quando ripete semplicemente il contenuto del canone. Infatti non può essere discutibile che chi sia in peccato grave manifesto e vi permanga ostinatamente non possa accostarsi all'Eucaristia. La prescrizione del canone è assoluta e vale quindi anche per i divorziati risposati, come per tutte le altre situazioni in cui le persone si trovino in quello stato di peccato.

Precisato questo, tuttavia, si deve rilevare che la disposizione canonica non è estensibile a chi non si trovi in stato di peccato grave e che non c'è in essa nessuna correlazione diretta e assoluta con le persone divorziate risposate. La *Dichiarazione* si è limitata a prendere l'espressione in senso letterale nel suo complesso e non si è posta, come del resto era ovvio, la questione: "Come comportarsi qualora ci si trovi nella morale certezza di essere in presenza degli elementi dottrinali che annullano o diminuiscono la gravità del peccato?" Pertanto resta legittima la domanda: "E' possibile che esistano persone divorziate risposate non in peccato grave?" Non si può presumere che tutti i divorziati risposati si trovino sempre in stato di peccato grave manifesto e che ostinatamente perseverino in esso. Questo il canone non lo dice!

3.3. Poiché è certo che una persona divorziata (ed eventualmente risposata) non è né scomunicata né interdetta (cfr. anche il n.243 dell'esortazione), sul peccato grave ci si limita ed è sufficiente richiamare l'essenziale. Per non disperderci raccogliamo alcuni punti del *Catechismo della Chiesa Cattolica.*

«Il **peccato** è una mancanza contro la ragione, la verità, la retta coscienza; è una trasgressione in ordine all'amore vero, verso Dio e verso il prossimo, a causa di un perverso attaccamento a certi beni. Esso ferisce la natura dell'uomo e attenta alla solidarietà umana» (1849).

«Il **peccato mortale** distrugge la carità nel cuore dell'uomo a causa di una violazione grave della Legge di Dio; distoglie l'uomo da Dio, che è il suo fine ultimo e la sua beatitudine, preferendo a lui un bene inferiore» (1855).

«Perché un peccato sia mortale si richiede che concorrano tre condizioni: «È peccato mortale quello che ha per oggetto una **materia**

grave e che, inoltre, viene commesso con **piena consapevolezza** e **deliberato consenso**. La materia grave è precisata dai dieci comandamenti... Presuppone la conoscenza del carattere peccaminoso dell'atto, della sua opposizione alla Legge di Dio. Implica inoltre un consenso sufficientemente libero perché sia una scelta personale. L'ignoranza simulata e la durezza del cuore non diminuiscono il carattere volontario del peccato ma, anzi, lo accrescono» (1857-1859).

«L'ignoranza involontaria può attenuare se non annullare l'imputabilità di una colpa grave... Gli impulsi della sensibilità, le passioni possono ugualmente attenuare il carattere volontario e libero della colpa; come pure le pressioni esterne o le turbe patologiche...» (1860).

«Si commette un **peccato veniale** quando, trattandosi di materia leggera, non si osserva la misura prescritta dalla legge morale, oppure quando si disobbedisce alla legge morale in materia grave, **ma senza piena consapevolezza o senza totale consenso**» (1862).

Alla luce di questi schematici richiami possiamo concludere, in ordine alle situazioni matrimoniali, almeno con qualche indicazione:

- se una persona è "colpevole" del divorzio o è divorziata e risposata senza l'annullamento del precedente matrimonio si trova in situazione ritenuta **oggettivamente** "irregolare" e, per sé, in situazione oggettiva di peccato grave, in quanto si tratta di materia grave;

- tuttavia nessuno (se non Dio) può giudicare con sicurezza che la stessa persona si trovi in **stato personale di peccato grave**. Infatti si può parlare di peccato grave non solo quando la materia sia oggettivamente grave, ma occorre che vi siano anche la **piena avvertenza** di ciò che si fa e il **deliberato consenso** all'atto. Questi due atti sono totalmente personali, per cui all'esterno si può ottenere solo una giuridica "morale certezza" desumendola da fatti verificabili;

- nella situazione delle persone vi è un ampio spazio per le cosiddette circostanze attenuanti descritte dai numeri 301-303 dell'esortazione, con i richiami al *Catechismo della Chiesa Cattolica*. Tali circostanze possono porre la persona o in condizione di "non peccato" oppure di peccato "veniale". La persona senza peccato o in peccato veniale evidentemente non rientra nelle previsioni del canone 915.

Si legge al n.301 dell'esortazione: "Per questo non è più possibile dire che tutti coloro che si trovano in qualche situazione cosiddetta 'irregolare' vivano in stato di peccato mortale, privi della grazia santificante".

3.4. Mi sembra illuminante quanto ha scritto Benedetto XVI, quando ancora era giovane professore di teologia, nel 1960 (riportato da *Avvenire,* 29 maggio 2016, p. 21): «... Dal fatto che la Chiesa è la comunità eucaristica – e che, di conseguenza, essere cristiano ed essere 'comunicante' è la stessa cosa – , che essere cristiano consiste semplicemente nella partecipazione al Corpo del Signore (circostanza, questa, dalla quale tutto il resto deriva), da questo fatto risulta anche la norma per la frequenza della Comunione: per la persona che lavora – e che difficilmente può comunicarsi giornalmente – la Comunione domenicale dovrebbe rappresentare la norma, mentre la confessione, a seconda della disposizione, potrà essere sufficiente praticarla mensilmente o addirittura trimestralmente. Affermare che non sarebbe possibile per il normale cristiano vivere senza cadere in peccato mortale così a lungo è un'asserzione che significa, a un tempo, avere **una considerazione troppo bassa del normale cristiano e una considerazione falsamente elevata del peccato mortale**. Un cristiano che si sforza sinceramente di vivere come cristiano non vive in stato di peccato mortale, peccato questo che non accade incidentalmente e marginalmente: qualcosa che accade incidentalmente, proprio per questo non è peccato mortale. Credo che, qui dovremmo veramente mostrare più coraggio e più fede. L'intero nostro cristianesimo potrebbe un po' cambiare volto se fosse di nuovo evidente che essere cristiano ed essere 'comunicante' è la stessa e identica cosa...».

Nel discernimento dello "stato morale" delle persone occorre operare lo spostamento dell'accento posto sulla quasi esclusiva valutazione della "materia oggettiva" verso la maggiore attenzione anche alla "piena avvertenza" e al "deliberato consenso". In queste dimensioni il campo della "misericordia" può trovare una massima estensione.

III
IL DISCERNIMENTO DEI PASTORI

1. Un compito pastorale

1.1. Si legge nell'esortazione: «Il Sinodo si è riferito a diverse situazioni di fragilità o di imperfezione. Al riguardo, desidero qui ricordare ciò che ho voluto prospettare con chiarezza a tutta la Chiesa perché non ci capiti di sbagliare strada: "due logiche percorrono tutta la storia della Chiesa: emarginare e reintegrare [...]. La strada della Chiesa, dal Concilio di Gerusalemme in poi, è sempre quella di Gesù: della misericordia e dell'integrazione [...]. La strada della Chiesa è quella di non condannare eternamente nessuno; di effondere la misericordia di Dio a tutte le persone che la chiedono con cuore sincero [...]. Perché la carità vera è sempre immeritata, incondizionata e gratuita!». Pertanto, «sono da evitare giudizi che non tengono conto della complessità delle diverse situazioni, ed è necessario essere attenti al modo in cui le persone vivono e soffrono a motivo della loro condizione» (n.296).

Ai **pastori (vescovi e presbiteri),** nei rapporti con i fedeli coinvolti in situazioni complesse e che si rivolgono a loro, si richiede la capacità di esercitare un **discernimento** (cfr. n.300) applicando con rettitudine, sia per l'ammissione ai sacramenti che per la partecipazione alla vita organizzativa della Chiesa (cfr. nn.297 e 299), i principi essenziali della dottrina tradizionale. Qui possiamo trovare un orientamento di prassi che supera quanto previsto dal *Catechismo* al n.1650.

Scrive ancora il Papa: «Pertanto, un Pastore non può sentirsi soddisfatto solo applicando leggi morali a coloro che vivono in situazioni "irregolari", come se fossero pietre che si lanciano contro la vita delle persone... A causa dei condizionamenti o dei fattori attenuanti, è possibile che, entro una situazione oggettiva di peccato – che non sia soggettivamente colpevole o che non lo sia in modo pieno – si possa vivere in grazia di Dio, si possa amare, e si possa anche crescere nella vita di grazia e di carità, ricevendo a tale scopo l'aiuto della Chiesa. Il discernimento deve aiutare a trovare le strade possibili di risposta a Dio e di crescita attraverso i limiti. Credendo che tutto sia bianco o nero, a volte chiudiamo la via della grazia e della crescita e scoraggiamo percorsi di santificazione che danno gloria a Dio» (n. 305).

Questo discernimento comporta una accurata conoscenza della persona che si trova nella posizione considerata "irregolare" e la verifica serena e puntuale almeno di alcuni aspetti concreti della sua vicenda, confrontandola con quanto la Chiesa prevede nelle sue disposizioni.

1.2. L'atteggiamento pastoralmente corretto per un adeguato discernimento presuppone nel pastore una comprensione semplice ma sostanziale circa il peccato grave. «La Chiesa possiede una solida riflessione circa i condizionamenti e le circostanze attenuanti. Per questo non è più possibile dire che tutti coloro che si trovano in qualche situazione cosiddetta 'irregolare' vivano in stato di peccato mortale, privi della grazia santificante» (n. 301).

Non bisogna essere troppo facili nel giudicare le persone, ritenendole in stato di peccato mortale. Ricordiamo una definizione tradizionale del peccato: "Aversio a Deo et conversio ad creaturas". Non si tratta semplicemente di attaccamento o adesione alle creature (e alle cose di questo mondo), ma occorre anche l'avversione a Dio.

All'interno di questa atmosfera, si può tentare di individuare un "principio di presunzione" che – pur nei limiti di ogni criterio umano ai quali ci si deve attenere – costituisca un criterio di partenza nella valutazione dei fatti?

Vi sono delle circostanze che pongano un pastore nella condizione di poter presumere che, in un matrimonio fallito, vi sia stato qualche aspetto almeno poco chiaro o che comunque vi siano dati oggettivi per ritenere che la persona non sia in stato di peccato mortale permanente?

La risposta può essere positiva quando il pastore si trova di fronte un fedele che chiede con fiducia l'aiuto per un discernimento, ha conoscenza (o può ricostruire) che tale fedele è un cristiano praticante, ha buoni rapporti all'interno della sua comunità cristiana, ha una vita personale con Dio nel pensiero e nella preghiera e in altri atti, non nutre avversione verso il coniuge abbandonato o da cui è stato abbandonato, accompagna i figli con amore e cura. Infatti, come si può ritenere che un simile fedele nutra "avversione verso Dio"?

Questa presunzione può orientare i pastori ad accogliere con la dovuta disposizione d'animo i fedeli ai quali il Papa chiede di «... accostarsi con fiducia a un colloquio con i loro pastori o con laici che vivono dediti al Signore. Non sempre troveranno in essi una conferma delle proprie idee e dei propri desideri, ma sicuramente riceveranno una luce che permetterà loro di comprendere meglio quello che sta succedendo e potranno scoprire un cammino di maturazione personale. E invito i pastori ad ascoltare con affetto e serenità, con il desiderio sincero di entrare nel cuore del dramma delle persone e di comprendere il loro punto di vista, per aiutarle a vivere meglio e a riconoscere il loro posto nella Chiesa» (n. 312).

2. Ambiti di verifica

L'accurato approfondimento della situazione delle persone in difficoltà matrimoniale ha bisogno di estendersi a diversi aspetti. Richiamiamone almeno alcuni.

2.1. Occorre innanzitutto una ponderata valutazione del matrimonio che è stato celebrato e successivamente rotto, per verificare se non vi siano le ragioni dell'annullamento; se vi sono, questa via va perseguita e sostenuta. Tale valutazione non è sempre facile, perché comporta una qualche specifica preparazione da parte del pastore, tuttavia essa va effettuata, anche con l'ausilio di persone competenti.

Si legge nell'esortazione che «...un gran numero di Padri «ha sottolineato la necessità di rendere più accessibili ed agili, possibilmente del tutto gratuite, le procedure per il riconoscimento dei casi di nullità». La lentezza dei processi crea disagio e stanca le persone... Ciò implica la preparazione di un personale sufficiente, composto di chierici e laici, che si consacri in modo prioritario a questo servizio ecclesiale. Sarà pertanto necessario mettere a disposizione delle persone separate o delle coppie in crisi, un servizio d'informazione, di consiglio e di mediazione, legato alla pastorale familiare, che potrà pure accogliere le persone in vista dell'indagine preliminare al processo matrimoniale» (n.244).

2.2. Vanno anche verificati: le circostanze che hanno determinato la rottura, per capire, almeno con morale certezza, se la persona che si ha di fronte sia o meno colpevole o comunque vi sia stato un concorso di colpa (come il più delle volte avviene); quale sia l'atteggiamento attuale che la stessa persona ha nei confronti del coniuge e degli eventuali figli; quali siano le ragioni e i fatti che hanno eventualmente portato a instaurare una nuova situazione di tipo matrimoniale e come essa si configuri di fatto.

Scrive il Papa: «I divorziati che vivono una nuova unione, per esempio, possono trovarsi in situazioni molto diverse, che non devono essere catalogate o rinchiuse in affermazioni troppo rigide senza lasciare spazio a un adeguato discernimento personale e pastorale. Una cosa è una seconda unione consolidata nel tempo, con nuovi figli, con provata fedeltà, dedizione generosa, impegno cristiano, consapevolezza dell'irregolarità della propria situazione e grande difficoltà a tornare indietro senza sentire in coscienza che si cadrebbe in nuove colpe. La Chiesa riconosce situazioni in cui «l'uomo e la donna, per seri motivi - quali, ad esempio, l'educazione dei figli - non possono soddisfare l'obbligo della separazione». C'è anche il caso di quanti hanno fatto grandi sforzi per salvare il primo matrimonio e hanno subito un abbandono ingiusto, o quello di «coloro che hanno contratto una seconda unione in vista dell'educazione dei figli, e talvolta sono soggettivamente certi in coscienza che il precedente matrimonio, irreparabilmente distrutto, non era mai stato valido». Altra cosa invece è una nuova unione che viene da un recente divorzio, con tutte le conseguenze di sofferenza e di confusione che colpiscono i figli e famiglie intere, o la situazione di qualcuno che ripetutamente ha mancato ai suoi impegni familiari. Dev'essere chiaro che questo non è l'ideale che il Vangelo propone per il matrimonio e la famiglia. I Padri sinodali hanno affermato che il discernimento dei Pastori deve sempre farsi «distinguendo adeguatamente», con uno sguardo che discerna bene le situazioni. Sappiamo che non esistono «semplici ricette» (n. 298; si può utilmente vedere anche il n. 300).

2.3. Va pure affrontato l'eventuale riflesso che un determinato comportamento abbia nei confronti della comunità di appartenenza. È vero che, in ordine allo "scandalo" nei confronti della comunità, non si deve sottovalutare il fatto che anche al di fuori delle situazioni matrimoniali, all'interno delle stesse comunità non è così raro sentire il commento: "Quella persona va a fare la Comunione ed è peggiore degli altri". Resta tuttavia non trascurabile il dovere che tutti hanno di tener nella giusta considerazione l'incidenza dei propri comportamenti nei rapporti con gli altri cristiani che partecipano alla vita della comunità. I singoli fedeli vanno educati alla doverosa attenzione verso la comunità cristiana di appartenenza, che deve essere rispettata anche nei suoi limiti.

Nello stesso tempo però, anche la comunità va educata a non giudicare chi si accosta all'Eucaristia, anche quando la situazione oggettiva in cui si trova la persona sembri non regolare. Occorre imparare a distinguere tra il giudizio sulle persone e le eventuali ragioni giustificanti una propria valutazione negativa: «...un giudizio negativo su una situazione oggettiva non implica un giudizio sull'imputabilità o sulla colpevolezza della persona coinvolta» (Pontificio Consiglio per i testi legislativi, *Dichiarazione* sull'ammissibilità alla comunione dei divorziati risposati, 24 giugno 2000, 2); questo equivale a dire che io posso anche essere convinto che la persona sbaglia ma non ho il diritto di giudicarla.

2.4. Infine una volta verificati quale sia il livello di formazione della coscienza, quale sia stata e quale sia la posizione personale nei confronti della fede e della pratica religiosa, al termine di un serio discernimento, in caso di "incertezza", il pastore dovrà avere il massimo rispetto della coscienza del "penitente" e, sempre se si è nell'incertezza, ricordarsi che la misericordia deve prevalere sul giudizio.

Leggiamo nell'esortazione: «In qualunque circostanza, davanti a quanti hanno difficoltà a vivere pienamente la legge divina, deve risuonare l'invito a percorrere la *via caritatis*. La carità fraterna è la prima legge dei cristiani (cfr *Gv* 15, 12; *Gal* 5, 14)" (n. 306)... Non possiamo dimenticare che «la misericordia non è solo l'agire del Padre, ma diventa il criterio per capire chi sono i suoi veri figli. Insomma, siamo chiamati a vivere di misericordia, perché a noi per primi è stata usata misericordia». Non è una proposta romantica o una risposta debole davanti all'amore di Dio, che sempre vuole promuovere le persone, poiché «l'architrave che sorregge la vita della Chiesa è la misericordia. Tutto della sua azione pastorale dovrebbe essere avvolto dalla tenerezza con cui si indirizza ai credenti; nulla del suo annuncio e della sua testimonianza verso il mondo può essere privo di misericordia». È vero che a volte «ci comportiamo come controllori della grazia e non come facilitatori. Ma la Chiesa non è una dogana, è la casa paterna dove c'è posto per ciascuno con la sua vita faticosa» (n. 310).

3. Responsabilità

3.1. Scrive il Papa: «Comprendo coloro che preferiscono una pastorale più rigida che non dia luogo ad alcuna confusione» (n. 308), ma, così facendo, «... poniamo tante condizioni alla misericordia che la svuotano di senso concreto e di significato reale, e quello è il modo peggiore di annacquare il Vangelo» (n. 311).

A volte, soprattutto i presbiteri confessori vorrebbero indicazioni dettagliate per essere in grado di fare discernimento con sicurezza, così da evitare che vi siano differenti modalità nella valutazione delle situazioni e delle conseguenti soluzioni, anche in ordine all'ammissione ai sacramenti.

Indubbiamente alcune indicazioni orientative possono essere anche di aiuto per una prassi più serena e anche con aspetti di una certa uniformità. La stessa esortazione apostolica offre alcuni riferimenti.

Il pastore, insieme alla persona interessata deve cercare di ricostruire un quadro il più possibile chiaro e fedele delle ragioni che hanno condotto alla nuova situazione, di quale consistenza essa sia (l'amore e la volontà di unione sono come richiesto dalla visione del matrimonio secondo il disegno di Dio?), da quanto tempo si è costituita e che cosa abbia determinato nei confronti dei figli propri ed, eventualmente, dei figli dell'altra parte (cfr. n.298).

Inoltre, la persona deve esaminare la propria coscienza: sulla parte da lei avuta nel processo di rottura; sul comportamento "verso i figli quando l'unione coniugale è entrata in crisi"; "se ci sono stati tentativi di riconciliazione; su quale sia "la situazione del partner abbandonato"; sulle conseguenze che "ha la nuova relazione sul resto della famiglia e sulla comunità dei fedeli"; su quale esempio si offre "ai giovani che si devono preparare al matrimonio" (cfr. n. 300).

Naturalmente sono solo alcune indicazioni in quanto i casi concreti sono sempre singolarmente caratterizzati.

3.2. Tuttavia, pur nell'utilità delle indicazioni orientative, non deve essere dimenticato che quando si vuole applicare la qualifica "peccato" alle azioni umane non esistono criteri di assoluta certezza.

Dopo aver richiamato che «le conseguenze o gli effetti di una norma non necessariamente devono essere sempre gli stessi» (n. 300), l'esortazione riporta nella nota 336: «Nemmeno per quanto riguarda la disciplina sacramentale, dal momento che il discernimento può riconoscere che in una situazione particolare non c'è colpa grave» (cfr. anche la nota 351).

Il giudizio se una persona sia o meno in stato di peccato (mortale o veniale) lo può emettere con certezza solo Dio e, in parte, la stessa persona implicata. Le altre persone umane possono giudicare le azioni esterne, qualificandole buone o cattive, ma non possono entrare nell'intenzionalità di chi le mette in atto. Si ritiene che perfino su uno stesso avvenimento esterno si possono sentire informazioni e valutazioni a volte anche radicalmente diverse; a maggior ragione quindi lo stato soggettivo di una persona sfugge ad ogni schematismo esterno di lettura.

Occorre imparare ad accettare anche le possibili diversità nel discernimento delle situazioni matrimoniali delle persone e, conseguentemente, anche le diverse conclusioni a cui talvolta si arriva nell'ammissione ai sacramenti. Questo non significa che tutte le decisioni siano giuste. È però massima assoluta che possiamo biasimare le persone e non concordare con le scelte che fanno, ma mai le possiamo giudicare in ordine al "peccato".

L'esortazione ci indirizza non a concentrarci su criteri che ci diano la possibilità di affermare con sicurezza "si può" o "non si può" accedere ai sacramenti. Vuole che il pastore con responsabilità pastorale e secondo la dottrina della Chiesa cooperi con il fedele per un discernimento della sua reale situazione interiore di fronte a Dio. Questo non equivale a dire che si costruisce una "moralità della situazione" ma si segue la tradizionale "moralità della persona", al cui discernimento il pastore offre solo il proprio aiuto ministeriale, lasciando "spazio alla coscienza dei fedeli, che tante volte rispondono quanto meglio possibile al Vangelo in mezzo ai loro limiti e possono portare avanti il loro personale discernimento davanti a situazioni in cui si rompono tutti gli schemi. Siamo chiamati a formare le coscienze, non a pretendere di sostituirle" (n. 37).

IV
ROTTURA MATRIMONIALE

1. Persone implicate

Quando un uomo o una donna, dopo la rottura del matrimonio celebrato nella forma prescritta (secondo la consuetudine naturale oppure richiesta dalla disposizione dell'ordinamento giuridico di riferimento), contraggono con un'altra parte una nuova unione, o nella forma di convivenza o con un altro matrimonio, oggettivamente pongono in essere un uso di se stessi al di fuori della legittimità coniugale.

Come valutare la situazione soggettiva delle singole persone nel caso in cui il precedente matrimonio non sia stato dichiarato invalido o comunque "sciolto" dall'autorità ecclesiastica?

La situazione di fatto e la condizione specifica della persona possono essere tali da permettere opportune valutazioni e soluzioni.

Per la comprensione oggettiva degli atti di chi si trova coinvolto in una situazione matrimoniale singolare, si esige il concorso di almeno tre gruppi di persone.

a) Innanzitutto sono chiamate in causa le persone stesse che sono direttamente interessate. Sono esse infatti i ministri del loro matrimonio, solo esse possono conoscere a fondo le circostanze e le ragioni che le hanno condotte a celebrarlo e quelle che, successivamente, le hanno portate alla rottura. Devono esaminare la propria coscienza confrontandola, in modo sereno e corretto, con la dottrina tradizionale della Chiesa sia in ordine al sacramento del Matrimonio sia in ordine al peccato.

b) Inoltre è buona cosa che ricorrano all'aiuto di pastori e laici che li possano aiutare, con il rispetto e la comprensione ma anche con un apporto sincero e attento alla verità dei fatti e delle scelte.

c) Infine nel discernimento devono essere chiamate in causa (almeno come soggetti a cui essere attenti) anche tutte quelle altre persone – a cominciare dai propri figli e senza escludere la comunità di riferimento – che in un modo o nell'altro subiscono il riflesso del fallimento.

2. Punti di chiarezza

2.1. Il primo aspetto da cui partire è che, una volta celebrato il Matrimonio, la sua eventuale rottura pone **oggettivamente** in situazione "non normale" (cfr. nn.291 e 292 e 307). Quando una persona adulta fa una scelta pubblica, si presuppone che questa sia stata posta con la dovuta conoscenza dei contenuti e delle conseguenze connesse e con la decisione libera della propria volontà.

Nell'analisi di un matrimonio fallito non è sempre facile individuare chi sia il colpevole. Un saggio proverbio dice che "la colpa non ha mai trovato marito". Il più delle volte vi è un "concorso di colpa", nel senso che la rottura è causata da un insieme di cause, assai spesso non "colpevoli" in ordine al peccato, perché dovute alla prevalenza e al condizionamento della "natura" delle due persone che, per una serie di situazioni di fatto, non sono riuscite a sintonizzare, oppure a circostanze imprevedibili, le quali, una volta avvenute, determinano un susseguirsi "a cascata" di derive negative. Talvolta la colpa potrà essere più evidentemente presente nell'una o nell'altra parte.

2.2. Quando un/una fedele, magari con figli, viene abbandonato/a, o comunque ritiene di avere giusti motivi per separarsi, ha davanti a sé due strade:

- o vive da "separato/a fedele", dedicandosi totalmente ai propri figli e ad altre opere buone;

- oppure, ritiene utile o si lascia attrarre da un'altra impostazione di vita e apre la "porta di casa" ad un'altra persona.

La prima strada è certamente quella ideale, perché comporta l'impegno a mantenere la promessa fatta davanti a Dio nel giorno del matrimonio. Facendo così la persona testimonia all'altra parte – anche se non meritevole –, ai propri figli e a tutti gli altri la sua scelta coraggiosa, animata dal dovere e dal desiderio di vivere cristianamente la propria vita. Il dono più bello e più educativo che offre ai propri figli è quello di superare con fortezza il suo momento di sofferenza e di offrire loro una vita il più possibile serena, facendo capire che vuole loro il più gran bene, che li considera il più grande amore, ai quali si dona totalmente. Per agire secondo questo ideale ci vuole molto coraggio, molta forza d'animo e grande maturità umana e cristiana. Le difficoltà sono molte, come anche le tentazioni. Resta evidente che una simile scelta fatta non per forza ma con convinzione personale, ricorrendo anche alle risorse della propria fede, fa sentire pienamente realizzati, dona pace alla coscienza e la forza per affrontare i disagi e le sofferenze.

Si deve tuttavia riconoscere che la vita non è sempre facile e bella. A volte si è tristi, a volte i figli danno pensiero, fanno tribolare, vi sono problemi economici; a volte le sollecitazioni ad abbandonare la fedeltà si presentano forti, la debolezza fa commettere sbagli. Le situazioni si possono complicare. Quasi senza accorgersi a volte si è travolti in esperienze che fanno penare, non si sa come affrontarle e risolverle o come uscirne, oppure che appaiono come la soluzione giusta ai propri problemi o sembrano ridare serenità e completezza di vita.

Se le circostanze portano ad aprire la strada ad un'altra persona, con la quale si entra in sintonia d'amore e si finisce con il convivere in forma matrimoniale, quale valutazione può essere data? Il giudizio soggettivo va lasciato solo a Dio, anche se oggettivamente occorrerebbe la lucidità per valutare opportunamente e adeguatamente a cosa si va incontro, soprattutto se vi sono figli.

La persona cristiana, se non ha elementi oggettivi dell'invalidità del proprio matrimonio, ha il dovere morale di far di tutto per "salvarlo" e per restare fedele. Se il matrimonio non è salvabile non si deve trascurare una seria valutazione se vi siano le condizioni della sua nullità, ricercando l'aiuto opportuno o necessario per una verifica seria e approfondita.

2.3. Un altro aspetto, per un cristiano, è quello relativo al rapporto con i Sacramenti. La condizione di separato/a o divorziato/a, per se stessa, non pone nella inabilità a ricevere i sacramenti della Riconciliazione e dell'Eucarestia. L'eventuale divieto esiste solo quando si è nella condizione prevista dal canone 915 del codice di diritto canonico: quindi se la persona è stata la causa della rottura e se permane ostinatamente nella condizione di peccato grave. Si deve sottolineare che non basta la prima posizione (di cui si può chiedere e ottenere il perdono) ma, perché non si possa accedere ai sacramenti, deve esserci come situazione prevalente e operante la seconda.

Chi ha subito la separazione e il divorzio, fino a quando si mantiene fedele e in atteggiamento cristianamente corretto nei confronti del coniuge, dei figli e della comunità cristiana di appartenenza, non si trova nella condizione, almeno per questa dimensione di vita, di non ricevere i sacramenti della Riconciliazione e dell'Eucaristia.

Si legge nell'esortazione: «Va accolta e valorizzata soprattutto la sofferenza di coloro che hanno subito ingiustamente la separazione, il divorzio o l'abbandono, oppure sono stati costretti dai maltrattamenti del coniuge. Il perdono per l'ingiustizia subita non è facile, ma è un cammino che la grazia rende possibile… Nello stesso tempo, 'le persone divorziate ma non risposate, che spesso sono testimoni della fedeltà matrimoniale, vanno incoraggiate a trovare nell'Eucaristia il cibo che le sostenga nel loro stato. La comunità locale e i Pastori devono accompagnare queste persone con sollecitudine, soprattutto quando vi sono figli o è grave la loro situazione di povertà» (n. 242).

V
RAPPORTI DI NATURA CONIUALE

Uno dei problemi di fondo che si presentano (probabilmente è tra i più evidenti nella realtà di convivenza di tipo matrimoniale) riguarda l'uso della sessualità.

Incominciamo con la domanda: "Quale è la condizione che sostanzialmente rende lecito l'uso della propria sessualità nei rapporti tra l'uomo e la donna"?

1. Legittimità

1.1. Sono di base alcune indicazioni del *Catechismo della Chiesa Cattolica* in merito al significato della sessualità.

«La sessualità, mediante la quale l'uomo e la donna si donano l'uno all'altra con gli atti propri ed esclusivi degli sposi, non è affatto qualcosa di puramente biologico, ma riguarda l'intimo nucleo della persona umana come tale. Essa si realizza in modo veramente umano solo se è parte integrante dell'amore con cui l'uomo e la donna si impegnano totalmente l'uno verso l'altra fino alla morte » (n. 2361).

«La sessualità è ordinata all'amore coniugale dell'uomo e della donna. Nel matrimonio l'intimità corporale degli sposi diventa un segno e un pegno della comunione spirituale» (n. 2360).

Tra i battezzati, «i legami del matrimonio sono santificati dal sacramento» (n. 2361).

«Gli atti coi quali i coniugi si uniscono in casta intimità, sono onorevoli e degni, e, compiuti in modo veramente umano, favoriscono la mutua donazione che essi significano, ed arricchiscono vicendevolmente in gioiosa gratitudine gli sposi stessi ». La sessualità è sorgente di gioia e di piacere: « Il Creatore stesso [...] ha stabilito che nella reciproca donazione fisica totale gli sposi provino un piacere e una soddisfazione sia del corpo sia dello spirito. Quindi, gli sposi non commettono nessun male cercando tale piacere e godendone. Accettano ciò che il Creatore ha voluto per loro. Tuttavia gli sposi devono saper restare nei limiti di una giusta moderazione» (n. 2362).

«Mediante l'unione degli sposi si realizza il duplice fine del matrimonio: il bene degli stessi sposi e la trasmissione della vita. Non si possono disgiungere questi due significati o valori del matrimonio, senza alterare la vita spirituale della coppia e compromettere i beni del matrimonio e l'avvenire della famiglia. L'amore coniugale dell'uomo e della donna è così posto sotto la duplice esigenza della fedeltà e della fecondità» (n. 2363).

«Il piacere sessuale è moralmente disordinato quando è ricercato per se stesso, al di fuori delle finalità di procreazione e di unione» (*ivi,* 2351).

Lo stesso *Catechismo* ci ricorda però che, come in ogni altra dimensione concreta della vita, nell'uso della sessualità non si può prescindere dalla realtà del peccato che, in variegate modalità, si inserisce anche nel rapporto di coppia (Cfr. nn. 1606-1607).

1.2. San Tommaso, nella Somma Teologica sottolinea che il fondamento e la ragione giustificante dell'atto coniugale si trova nel suo orientamento a quelli che sono i "fini" del matrimonio, cioè i figli e la fedeltà. Quando l'intenzione della persona nel compiere l'atto è rivolta ad ambedue o anche a uno solo di questi fini, l'atto è naturalmente buono. «Quando i coniugi si uniscono per generare la prole o per concedersi a vicenda il 'debitum' (il dovere di donarsi anche sessualmente), che è a sostegno della fedeltà, sono totalmente esenti dal peccato... Pertanto solo in due modi i coniugi si uniscono senza peccato 'scilicet causa procreandae prolis et debiti reddendi'. Ogni altra modalità è sempre peccato, almeno veniale».

Egli aggiunge anche che se qualcuno, con un atto matrimoniale intende aiutare il coniuge ad evitare che tenda alla fornicazione, non commette alcun peccato, in quanto tale atto è una certa 'redditio debitum', che si radica nel bene della fedeltà. Se invece uno cerca solo in modo superfluo di evitare la propria tendenza alla fornicazione, in tal caso incorre in peccato veniale. (cfr. S. T., Supplemento, q. 49, Art. 5).

Senza entrare troppo nel merito, sottolineiamo che la chiarezza di distinzione tra peccato mortale e peccato veniale può essere lineare nell'ordine teorico, ma nell'esperienza concreta delle persone, che vivono in rapporto quotidiano, non è così facile una valutazione oggettiva dell'intenzionalità dei soggetti. Per cui occorre essere attenti a non complicare troppo la coscienza delle persone, con sottigliezze giuridiche che non giovano per nulla al senso vero del peccato.

1.3. Nell'ordine naturale, quindi indipendentemente dall'essere cristiani, l'uso della sessualità è pieno e corretto quando, con affermazione generale, realizza l'esigenza presentata da S. Giovanni Paolo II nella *Familiaris consortio*, al n.11, riportata nel *Catechismo della Chiesa Cattolica,* cioè «**solo se è parte integrante dell'amore con cui l'uomo e la donna si impegnano totalmente l'uno verso l'altra fino alla morte**». Questo è indubbiamente il punto ideale da cui partire e che potrebbe essere attuale oppure che, nella realtà umana, può restare meta da raggiungere attraverso un cammino anche lungo e disseminato da momenti di peccato. Ogni volta che la sessualità è usata secondo il suo fine è un atto umano positivo; se è usata al di fuori del fine che vi è inscritto, si verifica il disordine e, talvolta, il peccato.

All'interno di questa cornice si deve rilevare che il momento che legittima l'uso della sessualità è, per tutti, la **decisione libera** di una coppia – uomo e donna – di voler esprimere il loro rapporto con il contenuto indicato, assumendo responsabilmente tutti gli impegni connessi. Tale decisione, per sé, è propria dei due, indipendentemente da qualsiasi intervento da parte di altri, in quanto nessun altro può conoscere a fondo la consistenza reale della decisione personale. Nella sostanza, la "forma interna" della costituzione del matrimonio e quindi dell'uso della sessualità, nell'ordine naturale, è proprio questa decisione.

2. Incidenza della forma canonica

2.1. Posto il sacramento, per un fedele cristiano si pone anche il problema del rapporto tra l'uso della sessualità e il fatto dell'essere il matrimonio segno dell'unione tra Gesù Cristo e la Chiesa, cioè sacramento: dove c'è matrimonio cristiano, lì c'è sacramento.

Ci si può domandare: "L'uso pieno della sessualità tra due cristiani è dipendente dalla forma canonica ed è solo questa che dà quella legittimità che esime dal peccato?".

Sappiamo che alla pienezza espressiva del sacramento contribuisce sostanzialmente anche l'unione coniugale. Lo si deduce dalla realtà e anche dal fatto che l'autorità della Chiesa ha sempre ritenuto di poter sciogliere il cosiddetto "matrimonio rato e non consumato", non ostante la validità formale e sostanziale del consenso espresso al momento della celebrazione matrimoniale.

Possono aiutare la comprensione alcune situazioni di fatto assai significative.

È interessante la posizione assunta dalla Chiesa in merito ai matrimoni contratti nell'ambito del cosiddetto *Common Law Marriage*, vigente in diversi stati degli USA (Colorado, District of Columbia, Georgia, Idaho, Iowa, Kansas, Montana, Ohio, Pennsylvania, Rhode Island, South Caroline, Texas). Secondo questa consuetudine il matrimonio può essere contratto senza una forma pubblica civile o religiosa, ma con il semplice reciproco consenso (anche per lettera o per convivenza more uxorio) di unirsi come marito e moglie in modo permanente e monogamo; non è neppure richiesta la presenza dei testimoni; basta che vi sia la capacità giuridica delle parti e l'assenza di impedimenti civilmente stabiliti. Pur con prescrizioni particolari, tali unioni sono riconosciute valide anche in quasi tutti gli ordinamenti civili degli Stati citati. Il matrimonio di questo tipo tra protestanti è stato riconosciuto valido secondo il diritto canonico, anche se contratto in uno Stato dove non è riconosciuto valido agli effetti civili (cfr. B. SIEGLE, *Marriage Today*, 3 ed., New York 1979, 110-112; J. PRADER, *Il matrimonio nel mondo*, 2 ed., Padova 1986, 535-536). Fino all'entrata in vigore del Codice di Diritto Canonico del 1983, per giudicare la validità o meno del matrimonio di questi cristiani si doveva considerare prevalente l'ordine naturale rispetto all'ordinamento giuridico civile per la forma di celebrazione e solo l'ordinamento canonico per quanto riguarda gli impedimenti.

Al Concilio di Trento, nella discussione inerente al potere della Chiesa di introdurre la forma di celebrazione del matrimonio *ad validitatem*, «non si riconobbe il potere discrezionale d'intervento diretto ed immediato della Chiesa sulla forma e sostanza del sacramento del matrimonio, ma si sostenne quale tesi prevalente quella relativa all'identità contratto-sacramento ed alla ministerialità dei nubendi, e si ribadì la causalità del solo consenso naturale, secondo una continuità che non avrà più soluzione di continuità, sino ad oggi» (B. ESPOSITO, o. p. *Fede e validità del matrimonio*, in Periodica, 4 (2015) 618-619). Quando si usa "consenso-naturale" non significa pura espressione verbale ma un consenso che si sostanzia su un contenuto specifico di matrimonio, che precede o che comunque accompagna la "forma".

«Nell'anno 1547, all'inizio della discussione tridentina sulle questioni matrimoniali, alcuni padri e teologi affermarono che i matrimoni clandestini non erano validi. Tali voci diminuirono sempre più, cosicché si arrivò alla decisione che tali unioni, sebbene contratte in modo segreto, erano matrimoni validi e sacramentali, perché la validità non poteva dipendere dalla forma o dalla presenza di altre persone, ma solo dalla libera volontà dei contraenti stessi di sposarsi. In questo modo il Concilio di Trento, nell'anno 1563, stabilì che non si dovesse dubitare che i matrimoni clandestini, celebrati con il libero consenso dei contraenti, fossero veri e validi matrimoni, finché la Chiesa non li avesse resi invalidi». (ANDREJ SAJE, *La forma straordinaria e il ministro della celebrazione del matrimonio*, ed. PUG, Roma 2003, p. 65).

Dopo aver accennato al caso di persone «certe della nullità del loro matrimonio per validi motivi oggettivi, che tuttavia non sono riusciti a dimostrare nel processo ecclesiastico» e che «si sono visti costretti, per gravissimi motivi, a chiedere il divorzio e a contrarre il matrimonio civile con altro partner», con il parere di ammissibilità ai sacramenti della Riconciliazione e dell'Eucaristia del P. Häring, L. Chiappetta scrive: «Noi aderiamo al parere di un così autorevole Maestro e riteniamo, personalmente che il matrimonio civile contratto dai detti sposi in circostanze del tutto eccezionali sia pienamente valido nel foro interno, poiché, nella loro situazione, che non consentiva altra soluzione, in forza dello 'ius connubii' essi erano scusati dall'obbligo di osservare la forma prescritta dalla Chiesa. Trattandosi, tuttavia, di una cosa molto complessa e delicata, pensiamo che, per una maggiore tranquillità della propria coscienza, il caso debba essere discusso col proprio Vescovo o con un sacerdote di grande prudenza ed esperienza» (in margine al commento del can.1085, in *Il Codice di Diritto Canonico*, ed. Dehoniane, II edizione, val. II, pp. 313-314).

2.2. Alla luce dei precedenti richiami, si può concretizzare una considerazione.

Quando un uomo e una donna cattolici (ambedue o uno solo di essi) ritengono di essere pronti ad unirsi in modo coniugale **sono chiamati ad esprimere** davanti alla Chiesa la forma che manifesti esternamente la volontà di celebrare il sacramento del Matrimonio. (cfr. nn. 293-295), cioè ad esprimere in forma ufficiale la loro volontà di sposarsi secondo il disegno di Dio. Quindi, in linea ordinaria, perché due persone libere (di cui almeno una cristiana) usino legittimamente la loro sessualità in un atto che sia di tale natura da comportare l'orientamento alla generazione (ancorché questa non diventi di fatto possibile) e all'espressione della loro unità amorosa, devono premettere, nell'attuale ordinamento, una "forma" esterna visibile.

Va notato che la "forma celebrativa" è solo un elemento esterno ecclesiastico che, in quanto tale, non "fonda" l'uso. L'atto di unione tra un uomo e una donna deve avere la sua giustificazione intrinseca, cioè dal suo essere corrispondente al disegno stabilito da Dio nella natura dell'atto. La forma giuridica è in un certo senso solo la convalida esterna, la comunicazione manifesta, che i due sono già, secondo la natura stabilita da Dio, "materia sacramentale", perché la loro unione è già tale, se non di fatto certamente nell'intenzione e nella volontà. La grazia propria del sacramento non è dare legittimità all'uso della sessualità, ma costituire e aiutare le due persone a essere e a continuare ad essere sacramento (quindi anche aiuto nella dimensione sessuale). In un certo senso si può anche affermare che i due non 'celebrano' il sacramento ma lo 'esprimono', dicono agli altri che esso c'è. Non è la forma che costituisce il sacramento, ma è il sacramento che prende forma esterna. Il sacramento è valido nella misura in cui la 'materia' di esso esista o meno, e la materia è proprio l'unione reale di un uomo e una donna, a cui si aggiunge l'espressione anche di fronte alla comunità perché così vuole, per ragioni sociali, una norma della Chiesa.

La legittimità autentica dell'uso è data solo dalla volontà dei due di amarsi così come Dio ha iscritto nella natura di una donna e di un uomo che si mettono insieme. La forma offre soltanto la visibilità sociale di quello che deve esistere di fatto tra i due. Anche nell'attuale ordinamento canonico si prevede la possibilità di unirsi in matrimonio, anche con la sola presenza di due testimoni, oltre che in pericolo di morte anche quando si preveda prudentemente che tale stato durerà per un mese (cfr. can. 1116). È vero che qui si prevede una manifestazione di volontà in presenza di almeno due testimoni, ma non cambia la sostanza. Che avviene se non è possibile la presenza dei testimoni? Non sono i testimoni, che sono solo persone esterne strumentali, a determinare l'inizio del legittimo uso della sessualità in forma matrimoniale. Tutt'al più la forma 'concorre' per disposizione ecclesiastica, non per la natura delle cose.

2.3 È quasi ovvio affermare che potrebbe esistere un rapporto validamente costituito quanto alle formalità esterne, ma a cui non corrisponda una vita sessuale "legittima". In tale evenienza la persona è liberata dal peccato solo per l'ignoranza!

E' vero che i 'casi' sono sempre solo 'casi', ma qualche casistica concreta può aiutare la comprensione di questa affermazione e mettere in risalto alcune aporie.

Due cattolici si sposano osservando tutte le formalità esterne (parole e azioni) richieste. Successivamente si scopre che uno dei due aveva un impedimento (ad esempio per un errore di trascrizione, per qualche giorno, non aveva ancora l'età richiesta). Prima che sia dichiarato invalido o convalidato o sanato, i due usano legittimamente della loro sessualità?

Se si risponde di sì, allora significa che l'uso non era fondato sul valido matrimonio, ma solo sulla volontà matrimoniale dei due.

Se si risponde di no, allora come si valuta la vita sessuale vissuta durante il matrimonio invalido? Commettevano 'peccato' senza saperlo?

Due cattolici si sposano ma uno dei due ha coscienza di aver contratto matrimonio invalido perché lui conosce l'esistenza di un impedimento che l'altra parte non conosce. Mentre la parte consapevole non usa rettamente la sessualità, l'altra parte che pensa di aver contratto matrimonio valido ha diritto all'uso della sessualità fino a quando non sia dichiarata la nullità oppure intervenga la convalida o la sanazione? La risposta non può essere che positiva, ma si determina che uno stesso atto sarebbe legittimo per una parte e illegittimo per l'altra!

Due cattolici si sposano e poi si dividono. Ottengono la dichiarazione di nullità. Ma i giudici si sbagliano. La parte che fosse consapevole della validità del matrimonio contratto, perché sa che la ragione della nullità è stata costruita, può passare ad un altro matrimonio (la legge lo consente) con l'uso della sessualità matrimoniale? La parte non colpevole, ottenuta la sentenza di nullità, può usare legittimamente della propria sessualità, senza peccare, non ostante che il primo matrimonio fosse valido e quindi sacramento?

Se si rispondesse di no si entrerebbe nell'irrazionale naturale e legale. Se si risponde di sì, allora si vanifica che occorra il matrimonio formalmente valido, e solo quello, per fondare l'uso della propria sessualità.

Quando un matrimonio viene sciolto perché non consumato o per qualche altra ragione non si significa forse che la forma esterna non è la ragione di fondo per l'uso corretto della sessualità nell'ambito matrimoniale?

2.4. Alla fine del discorso, tenuto in San Giovanni in Laterano, al convegno della diocesi di Roma, il 16 giugno 2016, Papa Francesco ha risposto ad alcune domande. Un suo pensiero: «Un'altra mia esperienza a Buenos Aires: i parroci, quando facevano i corsi di preparazione, c'erano sempre 12-13 coppie, non di più, non arrivare a 30 persone. La prima domanda che facevano: "Quanti di voi siete conviventi?". La maggioranza alzava la mano. Preferiscono convivere, e questa è una sfida, chiede lavoro. Non dire subito: "Perché non ti sposi in chiesa?". No. Accompagnarli: aspettare e far maturare. E fare maturare la fedeltà. Nella campagna argentina, nella zona del Nord-est, c'è una superstizione: che i fidanzati hanno il figlio, convivono. In campagna succede questo. Poi, quando il figlio deve andare a scuola, fanno il matrimonio civile. E poi, da nonni, fanno il matrimonio religioso. È una superstizione, perché dicono che farlo subito religioso spaventa il marito! Dobbiamo lottare contro queste superstizioni. Eppure davvero dico che ho visto tanta fedeltà in queste convivenze, tanta fedeltà; e sono sicuro che questo è un matrimonio vero, hanno la grazia del matrimonio, proprio per la fedeltà che hanno».

Che cosa si può intendere per "questo è un matrimonio vero" e "hanno la grazia del matrimonio"? Certamente si tratta di "grazia di Dio", di "aiuto di Dio" che non convive con il peccato. Quelle persone sono in situazione oggettiva di peccato grave? Non sembra proprio, se hanno la grazia di Dio!

Non è fuori luogo ricavare almeno una presunzione: quando un uomo e una donna convivono con volontà stabile e usano in forma corretta la loro sessualità con atti espressivi di unione umanamente fedele e per sé atti alla trasmissione della vita, davanti a Dio non sono in peccato mortale e non si può giudicare che perseverino ostinatamente in peccato grave manifesto (cfr. can. 915), anche se non si è osservata o non è osservabile una formalità prescritta dalla legge.

Si può affermare con certezza che una simile situazione (legittimità d'uso della sessualità e, quindi, senza peccato) non si possa verificare per una persona che, dopo la rottura del precedente matrimonio canonico, viva in una nuova unione, stabile e con intenzionalità non contingente?

Va sempre tenuto presente che di altra natura è la questione della celebrazione di un "secondo" matrimonio canonico, che non resta possibile senza la ratifica ufficiale della nullità del primo!

3. Conseguenze

Da quanto esposto possiamo schematicamente riassumere almeno quattro conclusioni:

a) l'uso della sessualità tra un uomo e una donna, nell'ordine naturale, è pienamente legittimo quando è «**parte integrante dell'amore con cui l'uomo e la donna si impegnano totalmente l'uno verso l'altra fino alla morte**»;

b) se l'uso della sessualità nella coppia è naturalmente positivo, tuttavia esso è sottoposto a difficoltà e la sua perfezione può essere ottenuta solo con l'aiuto della grazia di Dio e con la corrispondenza umana ad essa che può esigere anche un lungo cammino;

c) per disposizione ecclesiastica, l'uso della sessualità al di fuori della autorizzazione data dalla forma matrimoniale non è legittimo, ma può anche non costituire peccato grave o peccato veniale qualora la piena avvertenza e la volontarietà del consenso siano in qualche modo intaccate da qualcuna delle cosiddette cause attenuanti. Va detto che tale situazione soggettiva si può realmente verificare, quindi non si può giudicare a priori che l'uso della sessualità al di fuori della celebrazione esterna o comunque di una forma costituisca sicuramente peccato;

d) non sembra neppure fuori luogo ritenere che la stessa posizione si possa verificare quando il rapporto tra un uomo e una donna realizzi nella situazione di fatto, ancorché percepito così solo nella propria coscienza, il contenuto dell'affermazione di San Giovanni Paolo II. Cioè se un uomo e una donna convivono di fatto, con o senza un precedente matrimonio fallito, e non è possibile alcuna soluzione per quanto riguarda la forma, se esprimono la propria sessualità aperta alla vita e con coronamento di unità e di fedeltà, sono nell'ambito della legittimità d'uso, senza presenza delle condizioni del peccato.

4. Oltre la sessualità

Ovviamente le dimensioni di vita che coinvolgono le persone in situazione matrimoniale e per le quali occorre un adeguato discernimento, anche in ordine al peccato si estendono al di là della sola vita sessuale. Oltre alla comunità cristiana con la quale si è in relazione, particolare rilievo va dato anche all'atteggiamento personale in ordine alla carità nei confronti del coniuge, al sacramento celebrato e agli eventuali figli.

«C'è anche il caso... di 'coloro che hanno contratto una seconda unione in vista dell'educazione dei figli, e talvolta sono soggettivamente certi in coscienza che il precedente matrimonio, irreparabilmente distrutto, non era mai stato valido'. Altra cosa invece è una nuova unione che viene da un recente divorzio, con tutte le conseguenze di sofferenza e di confusione che colpiscono i figli e famiglie intere... Deve essere chiaro che questo non è l'ideale che il vangelo propone per il matrimonio e la famiglia... (n. 298). "I divorziati risposati dovrebbero chiedersi come si sono comportati verso i loro figli quando l'unione coniugale è entrata in crisi; se ci sono stati tentativi di riconciliazione; come è la situazione del partner abbandonato; quali conseguenze ha la nuova relazione sul resto della famiglia e la comunità dei fedeli; quale esempio essa offre ai giovani che si devono preparare al matrimonio...» (n. 300).

Quando si parla di figli occorre tenere presente le diverse situazioni che si possono verificare. Ci sono figli della coppia che si rompe e, talvolta, anche i figli che si trovano con la persona con la quale si instaura una nuova convivenza; vi sono figli ancora piccoli o comunque minorenni e figli già maggiorenni. È fin troppo noto che le maggiori conseguenze di vita sofferta e anche di incidenza sulla fede sono proprio quelle che interessano i figli. Le modalità del rapporto tra mamma e papà nelle fasi del declino dell'armonia famigliare e le modalità del rapporto e del come si parla dell'altro o dell'altra dopo la rottura sono determinanti sulla percezioni di vita e d'amore dei figli. Viene quasi spontaneo ritenere che il maggior peccato che commettono due sposi che si dividono è quello che riguarda il danno che causano sui figli.

Può essere accettabile che un uomo o una donna rimasti soli con un figlio, o anche più, magari ancora in minore età, passi con facilità a una nuova convivenza? La risposta è certamente negativa! I figli dovrebbero percepire che si fa di tutto per salvare il matrimonio e che il rapporto non degenera in contrasti odiosi. Tuttavia non si può escludere che vi siano situazioni psicologiche personali o necessità economiche – e non solo – causate proprio dalla presenza dei figli a cui bisogna provvedere, o altre circostanze, che quasi inevitabilmente conducono a costituire una nuova realtà di tipo famigliare. Queste ragioni, per avere la dimensione di cause giustificanti o attenuanti devono essere di particolare consistenza. Resta un fatto che non si può giudicare a priori in modo apodittico che non vi siano.

VI
CONCRETEZZA SINTETICA

1. Sviluppi

L'esortazione AL ha suggerito la possibilità di alcuni cambiamenti della prassi pastorale nei confronti delle persone in specifiche situazioni matrimoniali, in particolare circa i fedeli separati, divorziati e conviventi o civilmente risposati?

Occorre, innanzitutto, ribadire che l'esortazione non presenta alcun cambiamento sostanziale della dottrina tradizionale della Chiesa circa il peccato, il sacramento del Matrimonio e l'accesso ai sacramenti della Riconciliazione e dell'Eucarestia.

Premesso questo, la risposta diretta alla domanda è sì, vi sono cambiamenti di un certo rilievo.

Infatti, dopo aver richiamato che «*le conseguenze o gli effetti di una norma non necessariamente devono essere sempre gli stessi*» (n. 300), e che ciò non va escluso «*nemmeno per quanto riguarda la disciplina sacramentale, dal momento che il discernimento può riconoscere che in una situazione particolare non c'è colpa grave*» (nota 336), l'esortazione afferma esplicitamente nel n. 301: «***Per questo non è più possibile dire che tutti coloro che si trovano in qualche situazione cosiddetta irregolare vivano in stato di peccato mortale, privi della grazia santificante***» e, al n. 305: «***A causa dei condizionamenti o dei fattori attenuanti, è possibile che entro una situazione oggettiva di peccato – che non sia soggettivamente colpevole o che non lo sia in modo pieno – si possa vivere in grazia di Dio, si possa amare, e si possa anche crescere nella vita di grazia e di carità, ricevendo a tale scopo l'aiuto della Chiesa***», con una specificazione nella nota 351: «***In certi casi, potrebbe essere anche l'aiuto dei Sacramenti. Per questo, 'ai sacerdoti ricordo che il confessionale non dev'essere una sala di tortura bensì il luogo della misericordia del Signore'*** (Ev. Gaudium, 44). ***Ugualmente segnalo che l'Eucaristia 'non è un premio per i perfetti, ma un generoso rimedio e un alimento per i deboli'*** (ivi, 47)».

Pertanto, da questi orientamenti e da altri disseminati nell'esortazione (cfr. ad es. i numeri 297 e 299), si può argomentare che, in ordine alla prassi, cessano di essere assoluti:

- il n. 84 di *Familiaris Consortio* – 22 novembre 1981 (condizioni di ammissibilità ai Sacramenti, ribadite anche in alcuni documenti successivi);
- la disposizione del n. 1650 del *Catechismo della Chiesa Cattolica* – 11 ottobre 1992;
- gli orientamenti del *Direttorio di pastorale familiare per la Chiesa Italiana* – 25 luglio 1993, per quanto attengono ai casi in questione.

Si è usato di proposito il termine 'assoluti', poiché sui singoli aspetti possono conservare una propria incidenza (cfr. ad esempio, il riflesso di scandalo previsto da *FC* che, tra l'altro, vale per ogni e qualsiasi atto del fedele e non solo per la condizione di divorziato risposato).

2. Autorità

La Chiesa poteva apportare le modifiche previste o deducibili da AL?

Non vi sono dubbi per quanto riguarda le norme di natura cosiddetta ecclesiastica, cioè per quelle norme che l'autorità competente della Chiesa, a seconda dei tempi e delle circostanze, ritiene opportuno inserire nell'ordinamento canonico, come organizzazione disciplinare.

Non è difficile ricostruire che, almeno nella loro formulazione e applicazione, le norme prima richiamate di *FC*, del *Direttorio* e anche quella del *Catechismo* sono di natura puramente ecclesiastica.

Può essere utile precisare anche che la *Dichiarazione* del Pontificio Consiglio per i Testi Legislativi del 24 giugno 2000, circa l'applicabilità del can. 915 ai divorziati risposati, non stabilisce nulla di specifico. Volerla interpretare come includente sic et simpliciter tutti i divorziati risposati è canonicamente non corretto, perché questo non lo dice né il canone né la stessa interpretazione.

Qualcuno ha voluto argomentare, in modo non direttamente logico, o per lo meno non attinente alle questioni, richiamando le "norme morali assolute che proibiscono atti intrinsecamente cattivi", con la confusione tra la natura dell'atto in se stesso considerato e la posizione soggettiva di chi lo compie (la sola che può generare il peccato con la piena avvertenza e il deliberato consenso).

Si è ricercato l'appoggio dei numeri 79 e 81 dell'enciclica *Veritatis Splendor*. È sufficiente rileggerli, senza precomprensione ideologica, per comprendere che non c'è contrapposizione con quanto espresso da *AL*, dalla quale non sono minimamente alterati.

Il fissismo oggettivo, d'altra parte, nella dottrina non è neppure assoluto. Si può richiamare quanto afferma S. Tommaso: "Pertanto i precetti del decalogo sono immutabili rispetto all'ordine di giustizia che contengono. Ma rispetto a qualche determinazione per l'applicazione ai singoli atti, se cioè questo o quello sia o non sia un omicidio, un furto, un adulterio, ci può essere cambiamento: talvolta dalla solo autorità divina, in quanto solo da Dio sono istituiti, come per il matrimonio e per altri atti di questo genere; talvolta anche dall'autorità umana, in quelle cose che sono soggette alla giurisdizione umana. Per questo, infatti, gli uomini reggono al posto di Dio" (S. T. I – II, q. 100, a. 8, ad 3). Interventi di questo tipo sono facilmente riscontrabili nella storia della Chiesa (si pensi ad esempio alla questione del prestito ad interesse, in connessione con il peccato di usura – avarizia).

È forse fuori luogo pensare che l'autorità della Chiesa possa trovare vie di maggior profondità e precisione nella comprensione delle dinamiche dell'amore umano e, in specifico, delle circostanze individuanti il contenuto dell'atto di adulterio? I "confini" circoscrittivi dell'adulterio sembrano essere la violazione della fedeltà ad un patto matrimoniale realmente in atto e la necessità di garantire la sicura paternità alla prole (cfr. S. Tommaso, S. T., II – II, q. 154, a. 8). Questi due riferimenti non possono trovare oggi un più approfondito chiarimento, sia per le situazioni familiari dove la questione della fedeltà non è più in atto da nessuna delle due parti e dove anche la questione dei figli ha risvolti molto differenti rispetto ai secoli passati? Non possono quindi essere precisate le circostanze esteriori e interiori che configurino il peccato di adulterio?

3. Discernimento di coscienza

Le modifiche conseguenti ad AL riguardano solo la dimensione, per così dire, oggettiva delle disposizioni prima richiamate oppure vanno più in profondità, riferendosi esplicitamente anche al discernimento della coscienza della persona interessata?

Alcune argomentazioni, purtroppo, si sono concentrate solo sugli aspetti di norme oggettive, con poca o nessuna attenzione alla dimensione soggettiva della "scelta deliberata" (piena avvertenza e deliberato consenso) e delle circostanze incidenti sulla medesima scelta, le quali conducono necessariamente al discernimento dello stato della coscienza della persona, peccaminosa o meno.

Quando si entra nella sfera del peccato, non è questione di "coscienza creativa". Bene e male non sono creati dalla coscienza di nessuna persona; sono tali oggettivamente.

Nel nostro contesto la vera questione non è quella dell'oggettività di un atto, ma quella del <u>peccato</u> e delle <u>condizioni</u> o <u>circostanze</u> che possono essere dichiarate o di fatto necessarie perché si possa parlare di peccato (grave o non grave) oppure che possono influire o meno nel generare il peccato.

Non va neppure dimenticato che l'atteggiamento personale può trasformare anche un bene assoluto (o oggettivo) in peccato soggettivo (faccio la carità – bene oggettivo – per farmi 'bello'); così anche un male assoluto (oggettivo) può non costituire un peccato soggettivo (l'omicidio – male oggettivo – se compiuto da un matto).

4. Applicazione

Posto che vi siano modifiche derivanti da AL, come possono essere applicate nei casi concreti?

Un'analisi più approfondita dovrebbe distinguere tra il discernimento che deve fare la coscienza del fedele interessato e il discernimento che può essere chiamato a fare il pastore (vescovo, parroco, confessore).

Per tentare di tratteggiare un quadro delle problemi che si verificano nelle situazioni matrimoniali cosiddette 'difficili' o 'irregolari', sembra necessario distinguere almeno quattro momenti singolari, che esigono specifici atteggiamenti ed eventuali interventi pastorali.

4.1. *La famiglia è ancora 'intera', ma in situazione interna complicata.* Dal prete (parroco o altro) si esige attenzione particolare, con una valutazione di cosa sia possibile fare, qualora si prospetti lo spazio per un intervento di aiuto, o perché lo chiedono gli stessi sposi oppure perché lui riesce ad intercettarli. È un compito alquanto difficile, tuttavia talvolta un appropriato accostamento e un dialogo aperto possono servire per raggiungere qualche risultato positivo soprattutto se vi sia la presenza dei figli e gli stessi sposi siano in situazione temperamentale, caratteriale e religiosa nella normalità.

4.2. *La famiglia si è già 'rotta'.* Una delle persone implicate, normalmente quella che più la subisce, si rivolge al parroco o ad un qualsiasi altro prete, per chiedere consiglio.

In tale caso, compresa almeno nei suoi elementi essenziali la ragione della rottura e l'impossibilità della riconciliazione, è sempre opportuna la verifica della eventuale validità o meno del matrimonio celebrato. Un qualsiasi prete dovrebbe essere in grado almeno di intuire se vi sia qualche aspetto da approfondire e, se è il caso, di chiedere l'aiuto di qualcuno che ne sappia di più.

In questa fase va comunque richiamato con chiarezza alla persona interessata il valore della fedeltà promessa e sigillata con il sacramento, soprattutto se vi sono di mezzo i figli.

Non si deve poi dimenticare che tali persone sono in situazione di sofferenza tutta particolare, per cui l'accostamento deve rivestirsi di appropriata comprensione.

Inoltre la persona non colpevole, o debolmente colpevole, non è nella condizione di non poter partecipare pienamente all'Eucaristia.

4.3. *Dopo la rottura del proprio matrimonio sacramento, una persona contrae una nuova convivenza oppure un matrimonio civile.* La persona si rivolge al parroco o ad altro prete per chiedere un parere.

Questo è l'aspetto in cui si inserisce il cosiddetto 'discernimento' che comporta almeno tre attenzioni:

- valutazione del matrimonio sacramento e delle ragioni della rottura;
- valutazione della situazione attuale della persona nella nuova condizione in cui si trova;
- valutazione del 'sentire' cristiano della stessa persona.

È un compito abbastanza arduo e deve essere fatto con particolare cura e disponibilità all'ascolto.

Inoltre, non si sottovaluti l'importanza dello 'stato' soggettivo della persona. Le situazioni psicologiche 'labili' sono più frequenti di quanto si possa pensare. L'equilibrio del prete si deve destreggiare tra la necessità di preservare il valore del sacramento e, nello stesso tempo, di non addossare 'peccati gravi' più di quello che la stessa dottrina morale riconosce come tali. Non si dimentichi una saggia regola del diritto: "*Ad impossibilia nemo tenetur*".

A titolo solo esemplificativo ci si limita a suggerire alcune domande che possono aiutare a ricostruire la situazione personale di un fedele.

- Come si è arrivati alla rottura del matrimonio celebrato? Chi ha avuto l'iniziativa della separazione e del divorzio? A quali esiti si è arrivati?
- Vi sono stati tentativi di riconciliazione, anche con il ricorso ai consigli e agli aiuti specifici?
- Per il matrimonio celebrato possono essere individuati alcuni aspetti che inducano a ritenere possibile la sua nullità? Si è valutata con qualcuno questa eventualità? È percorribile?
- Come è stato vissuto e valutato il rapporto con i figli sia prima delle difficoltà, sia durante la crisi, sia al momento della rottura definitiva, sia dopo?
- Quale è la disposizione dell'animo nei confronti della parte da cui ci si è divisi?
- Come ha avuto origine la nuova relazione e per quali ragioni? Come si è giunti a convivere o a celebrare un matrimonio civile?
- Quali caratteristiche presenta la nuova convivenza di tipo coniugale, sia in ordine al reciproco amore che al complesso delle relazioni umane e religiose?

- Quali conseguenze ha avuto la nuova convivenza sui figli? Come hanno reagito?
- Quale è la percezione della rottura e della nuova relazione all'interno della comunità di appartenenza? È conosciuta e valutata?
- Quale è il personale sentire religioso? Come è vissuto e come si esprime?

È appena il caso di rilevare che la ricerca del pastore deve essere orientata dalla misericordia di Dio più che dal giudizio.

4.4. *Una persona in situazione 'irregolare' si presenta al prete nell'ambito del sacramento della Riconciliazione.*

In simile caso il prete deve avere presenti e applicare i criteri ordinari per la valutazione dello stato di "peccato grave" o no della persona. In ordine a questo è di "secondaria" importanza il fatto che la persona sia eventualmente divorziata e risposata. Ciò che impedisce l'accostamento alla Comunione eucaristica è il peccato grave della persona (can. 915) non il suo stato civile o canonico.

In linea di principio penso che si possa affermare:

- se una persona si presenta al confessionale spontaneamente e nel giusto atteggiamento verso Dio, la *presunzione* è che debba essere assolta;
- per non assolvere, il confessore dovrebbe avere la certezza che quella persona è in peccato grave; che un prete arrivi a questa certezza, è veramente arduo presumerlo; si deve notare che per sé assoluzione dei peccati non significa ancora accostamento alla Comunione (vi possono essere situazioni qualche volta delicate sia in ordine alla comunità che in ordine a singoli fedeli);
- in simili situazioni, il prete deve avere una qualche attenzione particolare alla 'stato' soggettivo del penitente, con l'applicazione delle cosiddette cause esimenti (in pochi casi) o cause attenuanti (nella maggioranza dei casi).

Nell'ambito della confessione, l'attenzione alle cause appena richiamate è rilevante proprio per la comprensione della gravità o meno della colpa. Infatti per l'imputabilità di un atto non basta l'elemento oggettivo (la materia) ma si richiede anche l'elemento soggettivo, cioè il nesso intenzionale tra l'atto e la conoscenza e la volontà della persona che agisce.

Più spesso di quello che si possa immaginare, sia per il cosiddetto "atto di rottura" del vincolo matrimoniale, sia per il cosiddetto "atto di ricostituzione" di una famiglia (quella passata e quella attuale), è possibile trovarsi di fronte a qualche elemento che "altera" la responsabilità soggettiva, con la presenza di una o più delle cause attenuanti.

Lasciamo da parte le cause esimenti, perché nella valutazione di una situazione matrimoniale non è così facile che si presentino, anche se non impossibile.

Le cause attenuanti si possono individuare in quelle elencate dal can. 1324:

- uso imperfetto di ragione (cioè in quale stato si trovava la persona, ad esempio, quando si è verificata la rottura e quando ha iniziato un nuovo rapporto, che poi si è stabilizzato?);
- perdita successiva dell'uso di ragione o turbamento psichico insorto successivamente e che ha rilevanza ancora attuale;
- impeto grave di passione (che può essere diverso per un soggetto e per un altro), che ha poi innescato conseguenze a cascata;
- timore grave, stato di necessità, grave incomodo (che come attenuanti si estendono anche agli atti intrinsecamente illeciti o che procurano danno alle anime);
- giudizio errato se vi erano o no le situazioni precedenti (cioè, uno ritiene che ci fosse lo stato di necessità, mentre una valutazione più appropriata lo esclude);
- qualsiasi altra circostanza che tolga la piena imputabilità (il legislatore sa bene che la vita è molto complessa e che non tutto può essere previsto).

Questo è l'aspetto più delicato e non facile da gestire adeguatamente, nel rispetto della verità. **Non dimentichiamo che nessun sistema di "regole" scritte è in grado di dare al prete la chiarezza per la risoluzione di ogni caso**. Egli è chiamato ad agire sempre con una "buona" coscienza, ricordando che «il giudizio sarà senza misericordia contro chi non avrà usato misericordia. La misericordia ha sempre la meglio sul giudizio» (*Gc* 2, 13).

Printed by Books on Demand GmbH, Norderstedt / Germany